AF359030

IDYLLE

DE

DE SAINT CYR,

A l'occasion du Mariage de Monseigneur le COMTE DE PROVENCE, *avec* MARIE-JOSEPHE-LOUISE, *Princesse de Savoie.*

M. DCC. LXXI.

NOMS DES PERSONNAGES.

MELANIE,   Mlle DE LASTIC.
LUCILE,   Mlle DE ROQUIGNI.
AGLAÉ,   Mlle DE MONTALEMBERT.
CIDALISE,   Mlle DE VILEPAIL.
CLELIE,   Mlle DU HAN.
CEPHISE,   Mlle DE DURAT.
AMELIE,   Mlle D'ORVILLE.
ORPHISE,   Mlle D'HAUDRECY.
ARAMINTHE,   Mlle DE MONTBEL.
DORIMENE,   Mlle DE JUMONVILLE.
CELIANTE,   Mlle DE BOUBERT.
CLOÉ,   Mlle DE DURFORT.
SOPHIE,   Mlle DE REYNAUT.

IDYLLE,

DE

SAINT CYR.

Le Théâtre repréfente une Colonade, au fond de laquelle eft repréfentée en bufte Madame la Ducheffe de Bourgogne, avec cette infcription : ADELAIDE DE SAVOYE.

SCÈNE PREMIÈRE.

MÉLANIE, LUCILE, AGLAÉ,

LUCILE.

Nous vous cherchons, ma chère Mélanie;
Pourquoi vous dérober à nos empreffemens?

A 2

MÉLANIE.

De vous revoir j'avois la même envie,
Et je regrettois les momens
Que je ne donnois pas à vos amufemens.

AGLAÉ.

Lucile & moi nous étions occupées
Du grand objet qui nous raffemble ici.

MÉLANIE.

A ce beau jour dès longtemps préparées,
Qui peut vous arrêter?

LUCILE.

En deux mots le voici :
La grandeur d'un fujet où l'on ne peut atteindre,
Caufe un tourment qu'on ne fauroit dé-
peindre......

MÉLANIE.

Je le fais; mais venons au fait :
Refterons-nous dans un honteux filence,
Lorfque le Ciel, par un nouveau bienfait,
Vient combler les vœux de la France?
Il nous rend ces momens fi doux,

5

Qu'ADÉLAÏDE (*) en ces lieux fit renaître,
Et qu'elle se plaisoit à passer avec nous.
Ces jours heureux vont reparoître;
Tout semble l'annoncer à nos cœurs attendris.
            Auguste Mère de LOUIS,
            Digne objet de notre tendresse,
        Sous les traits d'une autre Princesse
Nous allons voir briller vos talens, vos vertus;
Nous allons recouvrer des biens trop tôt perdus.
Je ne sais pas ce que Lucile en pense;
Mais je crois qu'à son éloquence,
Ce sujet doit ouvrir un fort beau champ.

LUCILE.

                        Helas !
    C'est ce qui fait notre embarras.
    Lorsque le cœur nous inspire,
    Et qu'on suit son mouvement,
    On a cent choses à dire,
    On brûle d'être au moment:
    Mais s'agit-il d'exprimer ce qu'on pense,
    L'esprit avec le cœur n'est plus d'intelligence;
    Et les tours les plus élégans
    Ne rendent point les sentimens.

(*) Adélaïde de Savoye, Duchesse de Bourgogne & Mère du
Roi. Cette Princesse aima & protégea la Maison de S. Cyr d'une
façon très-particulière.

A G L A É.

Personne mieux que moi ne le fait, je vous jure;
Hier je formai le projet
D'arranger un joli Couplet;
Je peignois d'après la nature,
Et de mes sentimens je faifois la peinture.
Mais helas! que je m'abufois!
Que j'étois loin du but que je me propofois!

M É L A N I E.

N'en jugeons point felon les apparences.
De grace, voyons le tableau;
Sans avoir l'empreinte du beau,
On demêle aifément à certaines nuances,
La main qui conduit le pinceau.

A G L A É.

Vous le voulez, *aimable* Mélanie.

M É L A N I E.

Chère Aglaé, je vous en prie.

A G L A É.

Ariette.

Beaux lieux, féjour de l'innocence,
Qu'en ce moment vous êtes embellis!
Tout annonce ici la préfence
Du nouvel ornement de l'Empire des Lys.

Chaque printemps nous apprête
Une nouvelle conquête.
L'hymen, pour la seconde fois,
Remplit nos climats d'allégresse ;
Il vous unit, jeune Princesse,
Au Fils du plus puissant des Rois.

MÉLANIE.

Lucile, c'est votre tour.

LUCILE.

Des Dieux j'ignore le langage ;
Et vous savez que de la Cour
Je ne connus jamais l'usage. . . .
Seule dans nos vergers fleuris
Je rêvois ce matin au bonheur de la France :
Mon esprit, avec complaisance,
Rassembloit sous mes yeux tous ses enfans chéris :
Un Monarque adoré, que dis-je? un tendre Père
Se plaisoit à verser sur eux
Tous les bienfaits que son cœur lui suggère.
Trois Princes en qui la nature
Épuisa ses dons précieux,
Près du Trône rangés, d'une main ferme & sûre,
Pleins d'un tendre respect en soutenoient le
poids :
Tant de prodiges à la fois
Étonnent mon ame ravie.

D'un doux tranſport je ſuis ſaiſie ;
Ma voix s'élève, & de ces mots
Je fais retentir les échos,

Air.

Français, à vos heureux deſtins
L'Univers entier s'intéreſſe :
Le Ciel ſur vous à pleines mains
Répand ſes dons & ſa richeſſe.
Turin poſſédoit un tréſor,
Vienne les délices du monde :
O France! en ton ſein tout abonde,
Tout te ramène l'âge d'or.

MÉLANIE,

Je ne juge point vos talens,
C'eſt votre zèle que j'admire ;
Le beau ſujet qui vous l'inſpire,
N'attend pas le nombre des ans.
Mais quoi! de ce beau jour, aux plaiſirs deſtiné,
Goûterons-nous ſeules tout l'avantage ?
Nos Compagnes dans ce bocage
Attendent, comme nous, cet inſtant fortuné :
Invitons-les à venir à la Fête ;
Que les ris & les jeux paroiſſent à leur tête,

AGLAÉ,

Nous pouvons nous en diſpenſer ;
Vers nous fort à propos, je les vois s'avancer.

SCÈNE II.

MÉLANIE, LUCILE, AGLAÉ.

Entrée des Chœurs.

Une partie ont des Guirlandes à la main, & en ornent le Théâtre; pendant ce temps Mélanie chante ce qui suit:

MÉLANIE.

Parez ces lieux, aimables fleurs;
Soyez dans ces belles retraites,
Du tendre hommage de nos cœurs
Les images les plus parfaites.

Ici le restant des Chœurs poursuit l'Entrée; à leur suite paroissent du fond du Théâtre Cidalise, Clélie & Céphise, lesquelles, après avoir considéré la décoration des fleurs, s'apperçoivent que le Buste de Madame la Duchesse de Bourgogne n'est point orné, & disent ensemble ce qui suit:

Trio.

CLÉLIE, CIDALISE, CÉPHISE.

Ornons de Roses & de Lys
Ces traits dont l'heureux assemblage
mille charmes réunis (*)
A nos yeux retracent l'image.

Chœur répète.

Ornons de Roses, &c. (**)

(*) *On apporte des guirlandes à* Clélie *& à* Céphise.

(**) Clélie *& Céphise, avec une partie du Chœur, vont orner le Buste pendant que le Chœur chante.*

CIDALISE.

Enfin, il est donc arrivé
Ce moment précieux, que notre impatience
   Avoit si longtemps desiré.
   Respect, amour, reconnoissance,
Sans crainte maintenant vous pouvez éclater:
Un Prince aimé de tout ce qui respire,
Une Fille des Dieux, que l'Univers admire,
A nos foibles Concerts ont daigné se prêter.

MÉLANIE.

D'une telle faveur cessez d'être surprise:
   Telle est, ma chère Cidalise,
   L'éclat pompeux de la grandeur;
Un cortège nombreux sans cesse l'environne,
Des plaisirs apprêtés que le faste assaisonne,
   Effleurent à peine son cœur.
   Si de cette volupté pure,
   Qui n'habite point les Palais,
   Elle veut sentir les attraits
   Par une route toujours sûre
   Que le desir fait ménager,
C'est aux hameaux, au sein de la nature,
   Qu'elle doit la venir chercher.

Ariette.

Le vrai bonheur,
Le repos du cœur
N'eſt point l'apanage
Ni l'heureux partage
De la grandeur :
Un réduit tranquille,
Où règne la paix,
Dans un humble aſyle
Le fixe à jamais.

Trio.

AMÉLIE, CIDALISE, ORPHISE.

Mêlez, oiſeaux, votre ramage
Aux accens de nos hautbois ;
   Que votre langage
   Seconde nos voix :
   Tout vous engage
   A nos concerts ;
C'eſt la fête de l'Univers.

CHŒUR.

Fuyez, frimats, loin de nos champs,
Flore y ramène le Printems ;
Elle en écarte le tonnerre,
Et ſur les aîles des Zéphirs,
Elle fait voler ſur la terre
Les agrémens & les plaiſirs.

Duo.

CÉLIANTE & DORIMÈNE.
Heureux Époux,
Tout vous rend les armes.
Goûtez fans alarmes
Des biens fi doux :
Tous ces charmes
Sont faits pour vous.
CHŒUR.
Fuyez, frimats , &c.

SCÈNE III.

MELANIE, LUCILE, AGLAÉ, CIDALISE,
ORPHISE & AMÉLIE.

CLOÉ & SOPHIE , *à la tête d'une Troupe d'Enfans.*
CLOÉ.

VENEZ, venez, qu'une crainte timide
Ne retienne point vos pas.
Duo.
CLOÉ, SOPHIE.
Lorfque le cœur eft notre guide,
Il ne nous égare pas.
MÉLANIE.
Que vois-je?
CLOÉ.

Ce font des Enfans
Qui viennent s'unir à vos chants.

La vérité par nous se fait entendre;
Le mensonge jamais n'infecta notre cœur:
L'hommage que nous venons rendre
Nous est dicté par la candeur.

Vaudeville.

CLOÉ.

De la bruyante trompette
Je n'emprunte point les tons;
C'est sur ma tendre musette
Que j'aime à former des sons:
Jamais elle n'est rebelle
Au mouvement de mes doigts,
Quand je répète avec elle
VIVENT LES ENFANS DES ROIS!

Chœur des Enfans.

VIVENT LES ENFANS DES ROIS!

SOPHIE.

Au fond de notre bocage
Un Rossignol chaque jour,
Réveille par son ramage
Tous les échos d'alentour.
Mon seul plaisir est d'instruire
Ce charmant hôte des bois:
Je veux qu'il apprenne à dire
VIVENT LES ENFANS DES ROIS!

CHŒUR.

Vivent, &c.

C L O É.

DE LOUIS, de JOSEPHINE
Les noms enchantent nos cœurs ;
Sur l'herbe je les deſſine,
Je les couronne de fleurs ;
Je prends ſoin de les écrire
Sur l'écorce de nos bois :
Sur chacun d'eux on peut lire,
VIVENT LES ENFANS DES ROIS !

CHŒUR.

Vivent, &c.

Duo.

CÉPHISE, ARAMINTHE.

En ces lieux où tout rappelle
A mon cœur reconnoiſſant,
L'image toujours nouvelle
D'un Monarque bienfaiſant,
Venez, Jeuneſſe brillante ;
Mêlons enſemble nos voix,
Et que ſans ceſſe l'on chante
VIVENT LES ENFANS DES ROIS !

Toutes enſemble.

VIVENT LES ENFANS DES ROIS !

CHŒUR.

Préſent des Cieux, aimable paix,
Ne quitte jamais ces Retraites :
Sans le ſecours de tes bienfaits,
Il n'eſt point de douceurs parfaites.

Préfent des Cieux, aimable paix,
Règne fur nous à jamais.

VIVE LE ROI !

Duo.

AMÉLIE, ARAMINTHE.

Vive LOUIS, chantez fa gloire,
Peuples heureux qui vivez fous fa loi ;
Vive ce Héros, ce grand Roi,
Que les lauriers de la victoire
Couronnèrent à Fontenoy.

Né pour commander à la terre,
Il y règne par la douceur.
De fes Sujets il eft le Père ;
Chacun le porte dans fon cœur :
Sans faire gronder fon tonnerre,
Il fait affurer leur bonheur.

CHŒUR.

Vive LOUIS, chantez fa gloire, &c.

FIN.

La Mufique eft de M. Cocquereft.

De l'Imprimerie de Jean-Thomas HÉRISSANT, Imprimeur
du Cabinet du Roi, & Maifon de Sa Majefté. 1771.

N. 1.
BEAUX lieux, sé- jour de l'in-no-
cen-ce, Qu'en ce mo- ment vous ê-tes em-bel-
lis! Tout an - non-ce i - ci la pré-
sen-ce Du nou-vel or-ne- ment de l'Empire des lis. Chaque prin - temps nous ap-
prê-te U - ne nou - vel - le con - quê-
- te. L'Hymen, pour la se - con - de fois, rem-plit
nos cli - mats d'al-lé - gref - se; Il vous u-

A

nit, jeu - ne Prin - cef - fe, Au Fils du plus puif -
faint des Rois.
Vif & marqué.
N 2.
FRANÇOIS, à vos heureux def -
tins L'U - ni - vers en - tiers s'in - té -
ref - fe : Le Ciel fur vous, à plei - nes
mains, Ré - pand - - - - - fes dons &
fa ri - - chef - fe. François, fe. Tu -
Doux.
- RIN pof = fé - doit un tré = for, VIÉNNE

Fort.
les dé - li - ces du mon - de: O
France! en ton sein tout a - bon - de,
Tout te ra - mè - ne 'l'â - ge
d'or. O France! en ton sein tout a -
bon - de, Tout te ra - mè - - -
ne l'â - ge d'or.
Gracieusement.
N. 3.
Le vrai bon - heur, Le re -
pos du cœur N'est -point l'a - pa-

na - ge Ni l'heu - reux par - - ta - ge
De la gran - deur: Un ré - duit tran -
quil - le Où ré - gne la paix,
- Dans un hum - ble a - - fy - le Le
fixe à ja - mais. Le vrai bon -
heur, Le re - pos du cœur, N'eft
point l'a - pa - na - ge Ni l'heu - reux par -
ta - ge De la gran - deur:

Un ré - duit tran - quil - le, Où ré - - gne la
D.
paix, Dans un humble a - fy - le Le
fixe à ja - - mais. Dans un humble a -
F.
fy - le Le fixe à ja - mais.
VAUDEVILLE.
N.4.
DE la bruy - an - te trom -
pet - te Je n'em - prun - te point les
tons; C'est fur ma ten - dre mu -
fet - te Que j'ai - - me à for - mer des

Chœur des Enfans.

VIVENT, &c.

SOPHIE.

Au fond de notre bocage
Un Roſſignol chaque jour,
Réveille par ſon ramage
Tous les échos d'alentour.
Mon ſeul plaiſir eſt d'inſtruire
Ce charmant hôte des bois:
Je veux qu'il apprenne à dire,
VIVENT LES ENFANS DES ROIS!

CŒUR.

VIVENT, &c.

[7]
CLOÉ.

De Louis, de Josephine
Les noms enchantent nos cœurs;
Sur l'herbe je les deffine,
Je les forme avec des fleurs;
Je prends foin de les écrire
Sur l'écorce de nos bois :
Sur chacun d'eux on peut lire,
Vivent les Enfans des Rois!

CŒUR.

Vivent, &c.

CÉPHISE.

En ces lieux où tout rappelle
A mon cœur reconnoiffant,
L'image toujours nouvelle
D'un Monarque bienfaifant,
Venez, Jeuneffe brillante;
Mêlons enfemble nos voix,
Et que fans ceffe l'on chante
Vivent les Enfans des Rois!

Les Chœurs enfemble.

Vivent, &c.

F I N.

9 782329 640877